L'ACTE D'ACCUSATION

DE

BAZAINE

PAR

MM. H. NAZET et E.-A. SPOLL.

PRIX : 50 centimes.

BRUXELLES

IMPRIMERIE DE AD. MERTENS

RUE DE L'ESCALIER, 22.

1870

L'ACTE D'ACCUSATION

DE

BAZAINE

C'est à la nation trahie, vendue, de publier cette pièce vengeresse; mais c'est à nous, témoins des événements qui se sont accomplis à Metz, durant 70 jours d'investissement, c'est à nous qui avons assisté à chaque bataille, à chaque engagement, qui avons vécu aussi bien dans la ville que dans les camps, de fournir les documents que nous avons amassés jour par jour, heure par heure, sur cette période désastreuse qui vient de se terminer par une des plus honteuses capitulations dont l'histoire ait gardé le souvenir.

A peine arrivés à Bruxelles, notre premier soin fut, on le comprendra, de nous informer de ce qui se passait en France et d'apprendre de quelle façon l'Europe appréciait la dernière prouesse du maréchal Bazaine.

Ici, comme à Metz, un seul mot sort de toutes bouches : TRAITRE! Cette injure nous l'avions entendu proférer par les Messins vendus et par nos soldats trahis. Il n'est pas jusqu'aux Prussiens qui n'avouent, avec une cynique ironie, la trahison qui mettrait un autre pays que la France à deux doigts de sa perte.

Un seul homme s'est rencontré ainsi qu'un seul journal, pour oser prendre la défense du traître.

Et quel homme? Le colonel Napoléon Boyer, aide de camp de Bazaine, son bras droit, chargé de traiter avec le roi de Prusse, et fait général pour les besoins de la cause.

Quel journal? La SITUATION, organe bonapartiste, créé à Londres par un des souteneurs de l'empire, un homme tellement taré que son appui seul est une honte et une condamnation.

Eh bien, ces accusations nous allons les porter hautement à la face de l'Europe, non sans dégoût, mais sans colère, avec preuves à l'appui, car chacune de nos assertions sera basée sur des faits ou établie sur des renseignements pris auprès d'officiers de tout grade, tant dans l'armée active que dans l'intendance, et qui sont tous prêts à les appuyer de leur signature.

Commençons donc notre récit :

Le 16 août, eut lieu la glorieuse victoire de Gravelotte, plutôt due à l'impétueuse valeur de nos soldats qu'aux calculs du commandant en chef, puisqu'elle ne fut en réalité qu'une diversion pour permettre à Napoléon de s'enfuir. L'armée pouvait alors continuer son mouvement en avant. C'est l'avis des officiers prussiens dont l'armée démoralisée était, par le retard de Steinmetz dans une situation des plus critiques. — La disgrâce du général prussien en est, du reste, une preuve évidente.

A cela, que répondent les avocats de Bazaine? L'armement des forts n'était point achevé, non plus que celui des remparts.

Le fait est vrai, et nous ne le nierons point, car nous avons pu voir, de nos propres yeux, de quelle façon la France était prête.

Mais là se trouve justement l'argument dont nous allons nous servir pour accuser le maréchal Bazaine. Quoi! le commandant en chef d'une armée de plus de 150,000 hommes se replie sous les murs de Metz pour former un vaste camp retranché ; il sait quel est le chiffre formidable de l'armée ennemie et doit s'attendre à un investissement dont il ne lui est pas donné de prévoir la durée.

Quel était son premier devoir? Assurer l'existence de cette

armée et celle des habitants de la cité, un des plus formidables boulevards de la France. Quelles mesures a-t-il prises? Aucune.

Les campagnes environnantes regorgeaient de fourrages et de denrées de toute sorte : il les a laissés au pouvoir des Prussiens, sans essayer de les mettre sous la protection des murs de Metz.

La ville renfermait d'énormes approvisionnements. Après se les être fait livrer, pendant plus d'un mois il les a laissés gaspiller à plaisir.

En effet, durant ce mois, chacun a pu voir des voitures chargées de pain blanc, circulant dans les camps, et les soldats jetant leur ration pour acheter ce pain qu'ils trouvaient meilleur.

Pendant ce temps, l'armée entière affluait en ville, où elle envahissait les marchés, les restaurants et les cafés, épuisant les approvisionnements de la cité et causant une augmentation considérable sur le prix de toutes les denrées.

L'incurie, le gâchis, le désordre ont été poussés à tel point qu'il faut bien y voir un parti pris, car ce n'est point d'incapacité qu'on peut accuser le *héros* du Mexique, ni M. Coffinières de Nordeck, commandant supérieur de la ville de Metz.

Ce n'est que le 7 septembre, après les instances réitérées de l'intendance et un long échange de correspondances, que le maréchal Bazaine consent à une dérisoire et secrète réduction de 50 grammes sur les 750 grammes de pain alloués par jour à chaque soldat.

Le 20 du même mois, il adhère, non sans peine, à une nouvelle réduction de 200 grammes, ce qui porte la ration à 500. Celle de bœuf était encore à cette époque de 400 grammes.

Le 12 octobre, la ration de pain fut abaissée à 300 grammes, en revanche celle de viande de cheval, qui remplaçait le bœuf depuis le 4 septembre, fut portée à 750 grammes.

En même temps, le conseil municipal de Metz, qui avait été jusque-là tenu dans une ignorance totale de la situation des approvisionnements, apprenait avec stupéfaction que la ville n'avait plus que pour quelques jours de vivres, et témoignait officiellement, au général Coffinières son *douloureux étonnement*. Ce dernier, dans une réponse embarrassée, se contentait d'engager le conseil et les habitants à ne point faire de *récriminations intempestives*. — Le trait est joli !

A partir du 12 octobre seulement, un arrêté du maire de Metz, pris conformément à une décision du général commandant en chef, interdit la sortie des blés, farines et denrées fourragères.

Ce ne fut que le 16 du même mois, douze jours avant la capitulation, qu'un arrêté du général Coffinières ordonna que le pain fût rationné à raison de 400 gr. par habitant.

Cependant, pour donner un simulacre de satisfaction aux Messins, on ordonnait des perquisitions en ville. D'importants approvisionnements furent découverts. Quelques personnes allèrent même, spontanément, déclarer ceux qu'elles possédaient ; on ne se donna même pas la peine d'en prendre livraison. Le tour était joué !

Ne fallait-il pas affamer la ville et l'armée pour familiariser l'une et l'autre avec l'idée d'une capitulation honteuse ? Et pourtant, elles ne demandaient l'une qu'à souffrir, l'autre qu'à marcher à l'ennemi. Jamais tant de patriotisme et de vaillance n'ont été annihilés par une si machiavélique trahison.

Dans les derniers jours, on a tout d'un coup réduit presque à rien les rations de nos hommes, qui ne se soutenaient plus qu'à l'aide d'excitants alcooliques. On refusait en même temps toutes les offres faites par les citoyens de Metz. Le 8 octobre, le docteur Herpin proposait de retirer des résidus des fosses à tan des quantités considérables de sel, — cette denrée manquait absolument ; — il montrait le résultat de ses expériences, et promettait d'en livrer le produit à vingt centimes la livre. Ses offres furent déclinées, pour ne pas léser, disait-on, les intérêts privés.

D'autres indiquaient divers moyens de conserver la viande de cheval ; on les traita de fous. De généreux citoyens offrirent de partager avec les soldats leur ration journalière ; leur exemple eût été suivi par tous les habitants. Ils écrivirent à ce sujet aux journaux de Metz une lettre qui fut rayée d'un trait de plume par la censure militaire, soigneuse de supprimer tout ce qui pouvait laisser aux assiégés une lueur d'espoir, un germe de confiance.

En même temps, on faisait passer au milieu de l'armée, terrifiée par des privations soudaines, les effrayantes nouvelles dont le général Boyer s'est fait le complaisant écho.

Il fallait, par tous les moyens, affaiblir le moral du soldat, lasser sa patience, énerver son courage pour l'amener, par les privations et les tortures subies, à accepter la honte comme une délivrance. Et cependant, on n'était point encore assez sûr d'eux, puisque ce ne fut qu'après leur avoir volé leurs drapeaux et leur avoir fait rendre leurs armes qu'on osa leur communiquer les termes de cette capitulation, qui livrait à la fois et la ville et l'armée.

Metz l'inviolée devait succomber avec le camp retranché. C'était la loi du vainqueur ! Cette armée venue pour la secourir allait être sa perte ; après l'avoir affamée, elle allait la déshonorer.

Avait-on souffert à Metz ? Pas encore ! Les marchés regorgeaient de denrées, dont la présence de l'armée décuplait la valeur, et qu'on ne songea jamais à taxer. Le pauvre seul souffrit, encore ne se plaignait-il point, et trouvait-il, sur ses heures de travail, le temps de se préparer à la défense de sa ville qui n'a pas eu l'honneur de recevoir un boulet, ni de brûler une cartouche. Quelques jours avant la capitulation, les Messins s'offraient encore à de nouveaux sacrifices, et, sur la place d'Armes, obligeaient le commandant supérieur à dire publiquement « qu'il fallait être fou pour songer à une capitulation avant que la ville eût subi trois assauts et qu'on eût ouvert dans ses murs une brèche praticable ! »

Oui, la trame a été longuement et habilement ourdie, mais point si habilement qu'il ne reste des preuves du crime, et ce sont ces preuves que nous allons ramasser une à une pour continuer à les réunir en faisceau et les jeter à la face du traître.

Nous avons traité, dans la première partie de ce travail, de la question des subsistances, question capitale, puisque c'est elle qui a motivé la capitulation ; nous allons maintenant, pour compléter notre acte d'accusation, parler des faits militaires, des manœuvres tortueuses, des fautes volontaires qui ont contribué à précipiter la place et l'armée dans cette épouvantable catastrophe.

La première faute est, au lendemain de la bataille de Saint-Privat, livrée le 18 août, d'avoir abandonné les hauteurs qui entourent Metz pour masser l'armée sous la protection des forts.

Le mont Saint-Blaise, la côte Saint-Thibault, les hauteurs de Vaux, Jussy, Sainte-Ruffine, Lessy, Chatel-Saint-Germain, Sémécourt, Fèves, etc., constituaient d'admirables positions sur lesquelles notre armée eût pu établir des ouvrages qui eussent obligé les Prussiens à élargir le cercle dont ils nous enserraient et à augmenter leur armée d'investissement.

On leur eût ainsi enlevé des fortifications naturelles excellentes, et mis à l'abri une foule de villages dont les approvisionnements, au lieu de servir à l'ennemi, eussent ravitaillé la place et prolongé sa défense.

Les Prussiens ne s'y trompèrent point et se hâtèrent d'occuper ces hauteurs et d'y exécuter des travaux de défense.

Tous les habitants valides des villages y furent employés par eux, et l'on pouvait à vue d'œil constater de Metz avec quelle rapidité s'élevaient leurs épaulements et s'installaient leurs batteries.

Que faisait pendant ce temps le maréchal Bazaine? Commodément installé dans la plus belle habitation du Ban-Saint-Martin, il y attendait, disait-il, les renforts qui ne pouvaient manquer d'arriver sous le commandement de l'Empereur et de Mac-Mahon.

Pensa-t-il jamais à inquiéter l'ennemi dans ses travaux par des sorties fréquentes, des expéditions nocturnes, en un mot, par ces mille ruses de guerre qui déconcertent l'ennemi, le fatiguent et le démoralisent? Eût-il seulement l'idée, au début, de chercher à fourrager, comme il le fit trop tard ensuite, dans les localités faiblement occupées par l'ennemi? Non!

Cette inaction forcée, dans laquelle vivaient nos soldats, avait pour double résultat d'affaiblir la discipline et d'amollir les troupes qui envahissaient la ville et achevaient de l'épuiser.

Las de la monotonie désespérante des camps, officiers et soldats s'habituèrent à se diriger chaque jour par bandes vers cette Capoue d'un nouveau genre.

Des ordres furent donnés qui prescrivaient la fermeture des portes à certaines heures ; mais ces ordres, qui ne concernaient point les officiers, furent éludés par les soldats.

Ceux qui restaient au camp trépignaient d'impatience en voyant les Prussiens exécuter tranquillement leurs travaux de défense sous le canon presque toujours muet de nos forts. Que de fois n'avons-nous pas entendu officiers et soldats se plaindre avec amertume de cette inaction forcée !

A cela, les brillants officiers d'état-major, tout confits dans leur importance, répondaient qu'on attendait du renfort ou se renfermaient dans un silence qui pouvait laisser supposer quelque grand projet. On se taisait alors et l'on attendait.

D'autres encore répondaient : « Nous percerons les lignes ennemies le jour où cela nous conviendra ! »

On sait, en effet, avec quelle facilité nous sommes sortis de Metz, sans armes et sans canons.

Donc, puisque l'on eût pu sortir si l'on eût voulu et qu'on ne le fît pas, c'est que le commandant en chef ne le voulait pas. Que ceux qui nous lisent tirent les conséquences.

Un fait encore, constaté par tous ceux qui ont pu quitter la ville après la capitulation et traverser les positions occupées par l'ennemi, c'est que ces formidables ouvrages de défense, construits par les Prussiens, n'existaient, sauf sur quelques points, que dans l'imagination fertile du maréchal Bazaine.

Mais le maréchal ne savait rien ou plutôt *ne voulait rien savoir*.

Il n'a pas su que l'armée d'investissement, — les Prussiens nous l'ont avoué eux-mêmes, — s'était trouvée un moment réduite à 85,000 hommes.

Il n'a pas su que Mac-Mahon était à Sedan, avec 80,000 hommes, puisque le jour même de la bataille livrée sous les murs de cette ville, il faisait une sortie dans une direction tout à fait opposée. Les Prussiens ne pouvaient mieux demander.

Il n'a pas su qu'une bataille se livrait à Verdun, et lorsque de Metz on entendait la canonnade, il se contentait de répondre à ceux qui l'interrogeaient anxieusement : « C'est probablement une ruse pour nous faire sortir, car c'est sur Thionville que se concentrent leurs efforts. »

Et cependant, il prétendait être si bien instruit de ce qui se passait au dehors, qu'il n'avait besoin ni d'espions, ni de porteurs de nouvelles. Quelques personnes — entre autres un journaliste et un sous-intendant — s'étant offerts pour franchir, à leurs risques et périls, les lignes ennemies, elles furent assez mal reçues et proprement éconduites.

Les Prussiens, de leur côté, n'ignoraient aucun des projets du commandant en chef, témoin le propos tenu au général Changarnier par le prince Frédéric-Charles, qui s'est formellement vanté d'être au courant des délibérations des conseils de guerre tenus entre les corps d'armée et les généraux divisionnaires, et qui en a fourni la preuve.

Afin que l'ennemi n'ignorât aucun de nos mouvements, on avait soin de les annoncer plusieurs jours à l'avance, de telle sorte que, lorsque les troupes sortaient, elles se trouvaient en présence de forces très-supérieures que l'ennemi avait eu tout le temps de réunir sur le point menacé.

Le mouvement manquait, et le maréchal disait : « Vous voyez bien qu'il est impossible de percer ce mur de fer et de feu. »

Ce que nous avançons est si vrai, que le soir du combat livré en avant de Ladonchamps, les prisonniers faits le 7 aux Maxes disaient à nos soldats : « Vous nous avez fait bien languir cette fois ; il y avait quatre jours que nous vous attendions. »

C'était, en effet, quatre jours auparavant qu'avait été décidée cette sortie dans la plaine de Thionville.

Revenons à la coupable inaction du maréchal Bazaine, et examinons ce qu'il a fait et ce qu'il aurait pu faire.

L'investissement avait commencé le 18 août ; ce ne fut que le 26 du même mois, — après avoir laissé aux Prussiens le temps de se fortifier, — et *sur les instantes prières* du général Coffinières, à qui nous devons en tenir compte, que Bazaine fit, au nord-est de Metz, une tentative de reconnaissance avortée, suivant les uns par le retard du 6e corps (Canrobert), suivant les autres, par le mauvais temps, qui cependant nuisait plus aux Prussiens qu'à nous,

Durant toute la journée, par une pluie battante, les soldats restèrent l'arme au bras. pour rentrer dans leurs campements respectifs au milieu de la nuit.

Cédant encore une fois aux supplications du général Coffinières et de Changarnier. Bazaine consentit à renouveler cette tentative le 31 août. Mais au lieu de déplacer ses troupes pendant la nuit et d'attaquer brusquement l'armée ennemie au petit jour, il commença l'attaque à quatre heures du soir alors que toutes les troupes. sauf le 2ᵉ corps, étaient rendues à sept heures du matin sur le champ de bataille.

Malgré l'heure avancée, notre vaillante armée, qui se déployait sur une ligne de bataille de près de deux lieues d'étendue. avait le soir emporté à la baïonnette toutes les positions ennemies et chassé les Prussiens de tous les villages qu'ils occupaient.

C'était Changarnier qui avait fait sonner la charge, et nos soldats, retrouvant leur ancienne façon de combattre. avaient brillamment renversé tous les obstacles que leur opposait l'ennemi.

Au lieu de profiter. pendant la nuit, d'un avantage aussi décisif. et d'opérer une facile trouée. on laissa à l'ennemi le temps de se reconnaitre et d'appeler à son secours les forces disséminées de l'autre côté de la Moselle.

Le 1ᵉʳ septembre au matin. une partie des villages abandonnés la nuit par des régiments qui n'étaient point suffisamment soutenus, furent réoccupés sans coup férir par les troupes prussiennes, et nos tirailleurs abandonnés par l'artillerie. se voyaient obligés. après une défense héroïque. de battre en retraite et de regagner leurs campements.

Tout fut mené de la sorte. Aux combats des 7 et 8 octobre. dans la plaine de Thionville. deux régiments de voltigeurs de la garde. le 1ᵉʳ et le 3ᵉ. se battirent comme des lions et. emportés par leur ardeur, enlevèrent à la baïonnette deux batteries prussiennes. Loin de les soutenir. on fit sonner la retraite et les voltigeurs se virent forcés d'abandonner leur prise. après avoir laissé nombre d'entre eux sur le champ de bataille.

Du 1ᵉʳ septembre au 7 octobre. l'armée avait donc été laissée dans une inaction à peu près complète. car on ne peut considérer comme

des affaires sérieuses les petites expéditions partielles de Lauval-
lières, Peltre, Vallières et Sainte-Agathe, dans lesquelles on fit
tuer des centaines d'hommes pour rapporter quelques bottes de
fourrages et des provisions dérisoires.

Aux Maxes, où se trouvaient véritablement d'énormes approvisionnements, on se retira le soir pour laisser aux Prussiens le
temps et la facilité de tout incendier.

Il est constant que, d'où qu'ils vinssent, le maréchal Bazaine a
refusé tous les avis, tous les conseils et tourné le dos à ceux qui
lui donnaient d'utiles renseignements.

Plusieurs personnes, entre autres M. Robinson, rédacteur du
Manchester Guardian, avaient offert de construire des ballons
captifs pour se livrer à des observations sur les mouvements de
l'ennemi. On a refusé, se contentant de lancer de temps à autre de
petits ballons en papier, porteurs de lettres dans lesquelles il était
interdit de parler de ce qui se passait à Metz. Ce soin était réservé
au général en chef.

Jamais, pendant les 70 jours de l'investissement, le maréchal n'a
adressé de proclamations aux soldats pour entretenir leur patriotisme et leur résignation ; jamais il n'a parlé aux troupes ! Jamais
il n'a visité une ambulance !

Toujours renfermé dans son repaire du Ban-Saint-Martin,
fuyant la lumière du jour, muet et invisible, que faisait-il ?...

Avant de livrer son armée, il avait fait répandre dans les camps
que les soldats, au lieu d'être emmenés en captivité, seraient ren-
voyés dans leurs foyers ; ce ne fut que peu de jours avant qu'il
donna pour mot d'ordre aux officiers supérieurs d'*habituer les soldats à l'idée d'aller en Allemagne.*

Plus tard, après la capitulation, alors qu'il s'était réfugié à Ars,
d'où il est parti au milieu des malédictions de toute la population
qui jetait des pierres dans les glaces de sa voiture, il faisait répondre par son neveu à ceux qui l'accusaient de n'avoir pas sauvé nos
soldats par une tentative désespérée :

« Que voulez-vous ? l'armée ne tient pas. »

Impudent blasphème, car l'armée a été brave entre toutes, et
chaque fois qu'elle a pu aborder l'ennemi, elle l'a fait reculer.

Comment se fut-on plaint ? La presse était bâillonnée et soumise à la plus rigoureuse censure.

Nous avons entre les mains les épreuves d'articles supprimés ou tronqués par le crayon du général Coffinières, dont le dernier exploit a été de faire arrêter par les Prussiens un journaliste courageux, M. Mayer. Ils prouvent que le commandement supérieur de la place, qui obéissait aveuglément aux ordres de Bazaine, coupait avec soin, non-seulement tout ce qui semblait dirigé contre le général en chef, mais encore tous les articles et jusqu'à des passages susceptibles de relever le moral et d'entretenir le courage des habitants et de l'armée.

En revanche, il fournissait volontiers aux journaux les nouvelles désolantes inventées par les Prussiens pour jeter le découragement parmi les assiégés.

Se glissait-il dans une feuille une bonne nouvelle ? Vite Bazaine rédigeait un ordre du jour dans lequel il disait que ces bruits étaient bien parvenus jusqu'à lui, mais qu'il n'avait malheureusement pas de confirmation officielle de leur véracité.

Il n'avait pourtant pas besoin de cette confirmation pour faire répandre en ville et surtout dans les camps ces affreuses et fausses nouvelles colportées par le général Boyer. Ce seul fait de se faire l'auxiliaire complaisant des Prussiens, n'est-il pas un crime ?

Il devait la plupart du temps tenir ses nouvelles de bonne source, car plus d'un mois avant la capitulation, Bazaine avait, soit par lui-même, soit par l'entremise de MM. Boyer ou Jarras, des entretiens secrets avec le prince Frédéric-Charles.

Pas si secrets cependant que l'on n'en ait eu vent à Metz, et que les Prussiens eux-mêmes, bien qu'ils n'aient guère à s'en vanter, aient ouvertement avoué que notre général en chef était très-souvent chez eux.

Une preuve de la trahison, écrasante celle-là, nous vient encore de l'ennemi lui-même.

Longtemps avant la capitulation, les officiers prussiens parlaient à Nancy de leur prochaine entrée dans Metz, et comme on leur objectait les forts inexpugnables qui défendaient la ville :

— Si Metz a ses forts, répondaient-ils, nous avons Bazaine.

Tout une ville peut affirmer ce propos.

En effet, lorsque nous fûmes obligés d'assister au douloureux spectacle de l'entrée des Prussiens dans Metz, nous les entendîmes proclamer partout que la ville et l'armée leur avait été livrées.

Un dernier fait, qui résume tout ce que nous venons de dire et justifie nos accusations : Lorsque Changarnier s'en fût, lui, le brave soldat, le vieux général aux cheveux blancs, prier les larmes aux yeux le prince Frédéric-Charles d'accorder à l'armée les honneurs de la guerre, celui-ci répondit « qu'il ne croyait pas devoir accorder ces honneurs à une armée, qui, depuis près de deux mois, n'avait pas fait une tentative sérieuse pour se dégager de l'investissement. »

Quelle plus honteuse condamnation ! Mais ce n'est pas celle de l'armée, qui a fait son devoir, et qui ne demandait qu'à faire davantage, c'est celle du maréchal Bazaine, dont le nom restera dans l'histoire la plus cruelle injure qu'on puisse adresser à un traître !

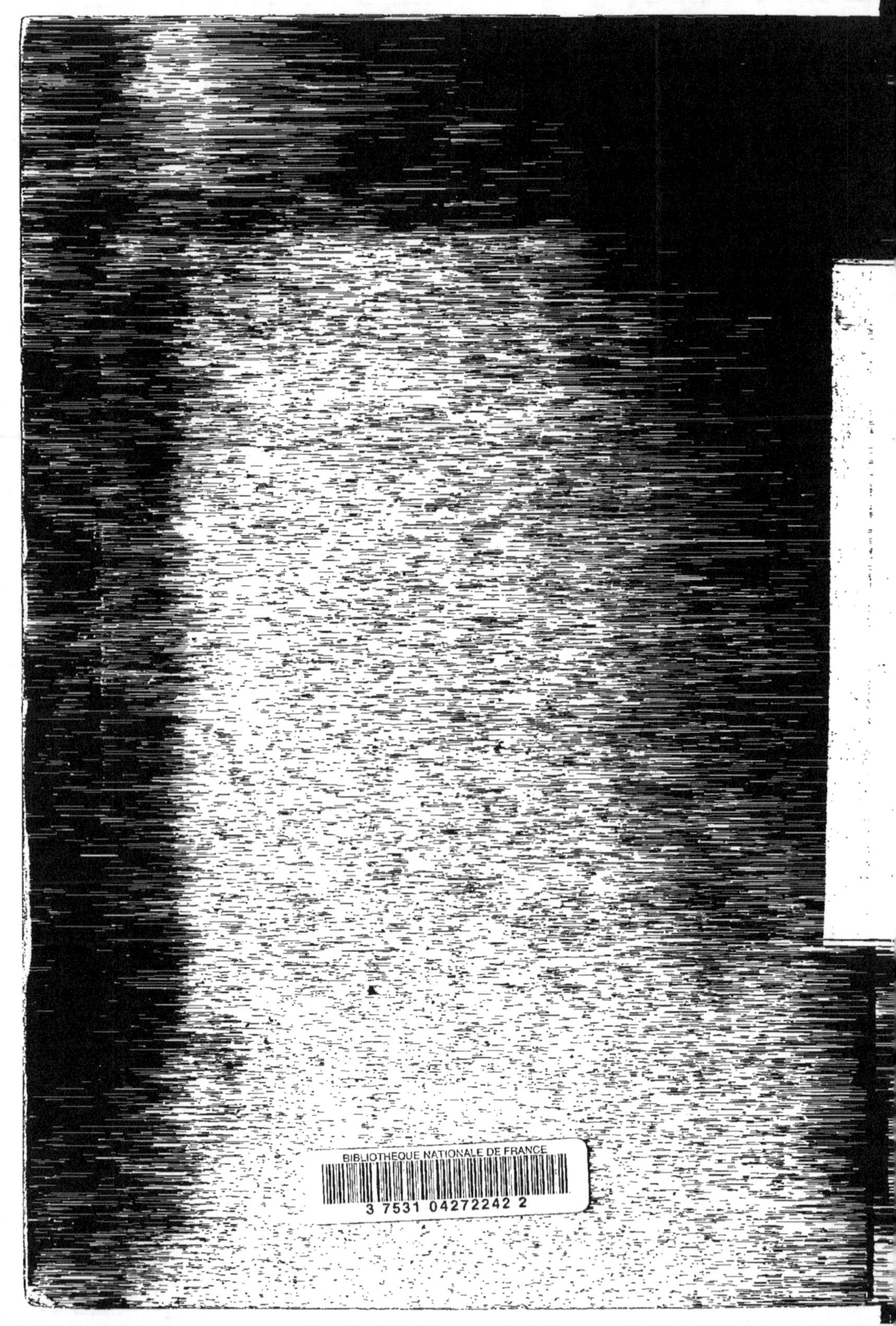

BIBLIOTHEQUE NATIONALE DE FRANCE
3 7531 04272242 2